며느리 방귀는 수소가 한가득

저학년
STEAM
스쿨 ❶
인체

며느리
방귀는 수소가
한가득

초판 1쇄 발행 2013년 3월 15일 **|** **초판 8쇄 발행** 2021년 5월 20일
글 그림 백명식
펴낸이 김명희 **|** **책임편집** 이정은 **|** **디자인** 신영미
펴낸곳 다봄 **|** **등록** 2011년 6월 15일 제 395-2011-000104호
주소 서울시 마포구 토정로 222 한국출판콘텐츠센터 305호
전화 02-446-0120 **|** **팩스** 0303-0948-0120
전자우편 | dabombook@hanmail.net
인스타그램 | instagram.com/dabom_books

ISBN 978-89-966779-3-2 64710

이 도서의 국립중앙도서관 출판시도서목록(CIP)은 서지정보유통지원시스템 홈페이지(http://seoji.nl.go.kr)와
국가자료공동목록시스템(http://www.nl.go.kr/kolisnet)에서 이용하실 수 있습니다.(CIP제어번호:CIP2013001153)

*책값은 뒤표지에 표시되어 있습니다
*파본이나 잘못된 책은 구입하신 곳에서 바꿔드립니다.

KC
품명 아동 도서   **사용연령** 8세 이상
제조국 대한민국   **제조년월** 2021년 5월 20일
제조자명 다봄   **연락처** 02-446-0120
주소 서울시 마포구 토정로 222 한국출판콘텐츠센터 305호
주의사항 종이에 베이거나 긁히지 않도록 조심하세요.
     책 모서리가 날카로우니 던지거나 떨어뜨리지 마세요.
KC마크는 이 제품이 공통안전기준에 적합하였음을 의미합니다.

저학년
STEAM
스쿨 ❶
인체

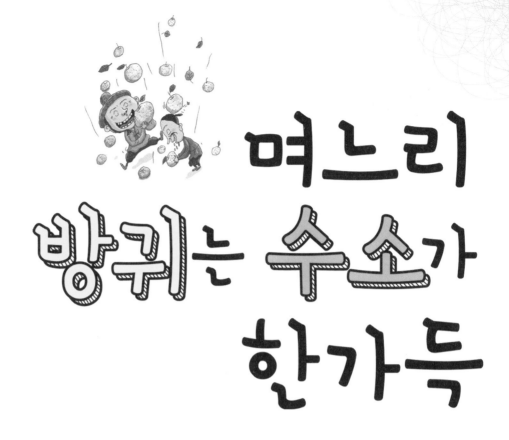

며느리 방귀는 수소가 한가득

글 그림 **백명식**

다봄

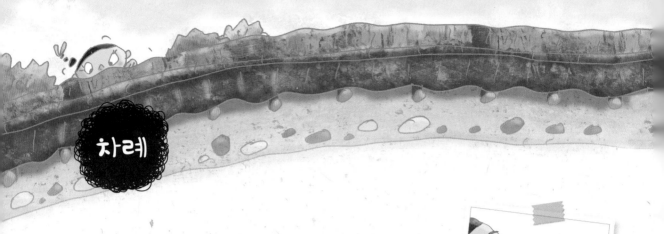

차례

〈며느리 방귀는 수소가 한가득〉
100배 즐기는 법~!

① 전래 동화

재미난 전래 동화를 읽어요.
그림만 봐도 웃음이 킥킥,
재미가 솔솔~!

② 톡톡 과학 양념

전래 동화를 읽다가
궁금한 과학 상식을 배워요.
짧지만 아주 알찬
내용들로 가득해요.

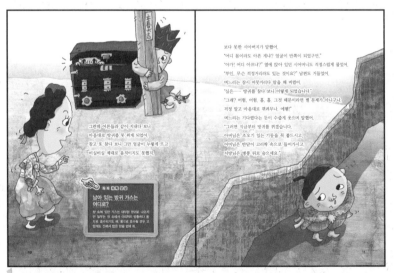

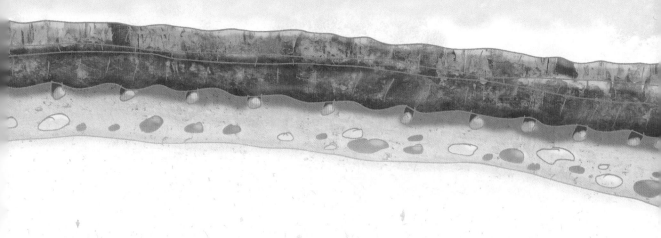

❸ 이야기 속 숨은 과학

전래 동화를 읽다 나온
과학 내용이 궁금했나요?
이야기 속에 나왔던
과학 지식에 대해서
꼼꼼하게 짚어 줍니다.

❹ 삐딱하게 보는 과학

전래 동화 속에 나온
과학 내용을 살짝 삐딱하게
비틀어 볼까요?
한걸음 더 나아가서
새로운 과학 내용을 배워요.

방귀쟁이 며느리

어느 마을에 아주 고운 처녀가 있었어.

얼굴도 예뻤지만 마음씨는 비단결보다 더 고왔지.

아주 동네에 소문이 자자했어.

그런데 한 가지, 처녀에게는 말 못할 비밀이 있었어.

방귀를 정말로 대단하게 뀐다는 것이야.

이틀에 한 번씩은 꼭 뀌어야지, 그렇지 않으면 큰일이 났어.

그런데 이 방귀는 보통 방귀가 아니었거든.

그것도 모르는 옆집 할멈이 이웃 마을 부잣집 외아들이랑 줄을 놓았지 뭐야.

혼담이 오가더니 이 처녀가 그 집으로 시집을 가게 되었네.

뽀옹~!

8

그런데 어른들과 같이 지내다 보니
마음대로 방귀를 못 뀌게 되었어.
참고 또 참다 보니 그만 얼굴이 누렇게 뜨고
비실비실 제대로 움직이지도 못했지.

톡 톡 과학 양념

남아 있는 방귀 가스는 어디로?

장 속에 있던 가스는 대부분 방귀로 나오지
만 일부는 장 속에서 이리저리 방황하다 몸
으로 흡수되기도 해. 몸으로 흡수될 경우 고
맙게도 간에서 많은 양을 없애 줘.

보다 못한 시아버지가 말했어.

"어디 몸이라도 아픈 게냐? 얼굴이 반쪽이 되었구면."

"아가! 어디 아프냐?" 옆에 앉아 있던 시어머니도 걱정스럽게 물었어.

"부인, 무슨 걱정거리라도 있는 것이오?" 남편도 거들었어.

며느리는 잠시 머뭇거리다 말을 해 버렸어.

"실은…… 방귀를 참다 보니 이렇게 되었습니다."

"그래? 어험, 어험. 흠, 흠. 그것 때문이라면 별 문제가 아니구나.

걱정 말고 마음대로 뀌려무나. 에헴!"

며느리는 기다렸다는 듯이 수줍게 웃으며 말했어.

"그러면 지금부터 방귀를 뀌겠습니다.

아버님은 조오기 있는 기둥을 꼭 붙드시고,

어머님은 반닫이 고리짝 속으로 들어가시고,

서방님은 병풍 뒤로 숨으세요."

며느리는 뒤로 서너 발짝 물러서더니 방귀를 뀌기 시작했는데……

뿌~~~~~~~~~~~~~~~~~~~~~~~웅, 빠~~~앙 빵!

소리는 천둥소리요, 그 흔들림은 천지가 진동을 했어.

기둥을 붙들고 있던 시아버지는 온데간데없이 날아가 버리고

반닫이 고리짝 속에 들어가 있던 시어머니는

반닫이가 부서지며 튕겨 나와 십리 밖으로 날아가 버렸어. 그뿐이었겠어?

병풍 뒤에 숨었던 서방님은 옷이 너덜너덜 거지꼴이 되어 주저앉아 있었지.

멀리 날아가 버렸던 시아버지와 시어머니는 며칠 만에 비실비실 들어왔다나?

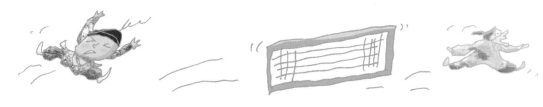

정말 큰일이야.

이대로 며느리와 같이 살았다가는 방귀 몇 번만 더 뀌면

집안이 풍비박산 날 것이 불 보듯 뻔했거든.

하는 수 없이 시아버지는 며느리를 데리고 친정으로 가기로 했어.

시아버지는 앞서 가고 뒤에 며느리가 고개를 푹 숙이고 힘없이 따라갔지.

가는 길에 잘 익은 배가 주렁주렁 열린 배나무 옆을 지나가게 되었는데

나무가 얼마나 큰지 동네 앞동산만 했어. 너무 높아 아무도 딸 수가 없었지.

그런데 배나무 밑에는 비단 장수와 놋그릇 장수가 쉬고 있었어.

"에효, 누구든 저 배 하나라도 따 주면 내 비단의 절반을 나눠 줄 텐데……."

"꿀꺽, 참 먹음직스럽게도 생겼지. 누가 저 배를 맛보게 해 주면

내 놋그릇의 반을 주어도 아깝지 않을 거야."

이렇게 중얼거리면서 말이야.

옛날에는 비단과 놋그릇이 참으로 귀한 물건이었거든.

엄청나게 →
큰 배나무

후드득~

후드득~

며느리가 이 소리를 듣고는 귀가 솔깃해졌어.

"여보시오. 좀 전에 한 말, 정말이오?"

며느리가 기뻐하며 배나무로 다가가 엉덩이를 댔어.

"자! 그럼 잠시 기다리시오."

말이 끝나기도 전에 며느리는 얼굴이 벌게지도록

힘을 주고 방귀를 뀌기 시작했어.

뿌~웅! 뿡! 빵!

커다란 배나무가 휘청거리더니 달려 있던 배들이 후드득 후드득 떨어졌어.

"와아, 배가 떨어진다."

비단 장수와 놋그릇 장수는 떨어진 배를 주워 맛있게 먹었어.

그러고는 며느리에게 비단이랑 놋그릇을 반씩 나눠 주었지.

귀한 물건들을 얻은 시아버지는

자랑스럽게 며느리를 데리고 다시 집으로 갔어.

그리고 비단과 놋그릇을 팔아 방귀로 무너진 집을 고치고

부자가 되어 행복하게 잘 살았대.

뽀~옹

방귀 속에 들어 있는
예의 없는 것들~! 뿡!

보통 사람들은 하루 평균 14~25번 정도 방귀를 뀐다고 해.
그 양은 600~700cc 정도라는군. 아무리 예쁘게 생긴 아가씨도 방귀를
뀐다는 사실. 건강한 어른들의 몸에는 항상 200cc 정도의 가스가 차 있거든.
200cc는 우리가 보통 마시는 200ml 우유와 같은 양이야. 이 가스는 트림이나
방귀 같은 방법으로 몸 밖으로 나와. 그런데 방귀 속에는 어떤 것들이 들어 있을까?
바로 질소, 수소, 메탄, 이산화탄소, 산소 같은 것들이 들어 있어.

이야기 속 **숨은 과학**

방귀란 무엇일까?

방귀는 음식이 위와 장에서 소화될 때 생긴 가스가 몸 밖으로 나오는 거야.
그렇다면 정말 이야기 속 며느리처럼 엄청난 힘을 가진 방귀를 뀔 수 있을까?
아마 그렇진 않을 거야.
어떤 사람이 며느리처럼 무시무시한 방귀를 뀐다면 세상이 뒤죽박죽 되겠지.
방귀 한 번 뀌면 마치 폭탄이 터진 것처럼 주위가 흔적도 없이 사라져 버릴 테니까.

가스에 메탄 성분이
많이 들어 있는 똥은
물에 뜨는 것이 특징이야.

둥둥

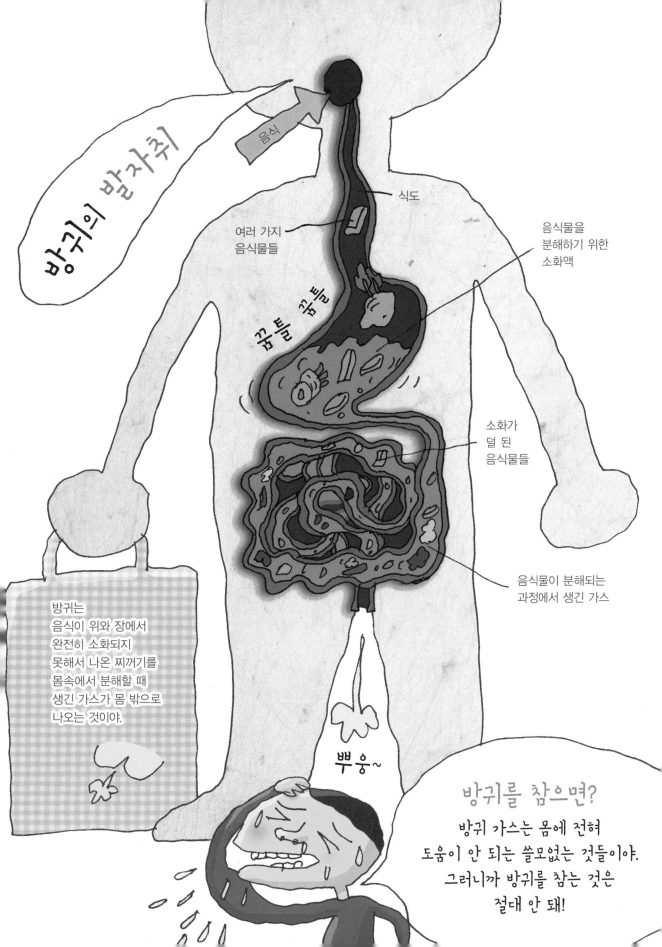

과연 증기 기관이 방귀의 원리와 같을까?

방귀는 눈에 보이지도 않고 모양도 없어.

이처럼 모양이나 부피가 없는 상태의 물질을 '기체'라고 해.

그런데 기체인 며느리의 방귀 때문에 배가 떨어졌어. 이게 말이 되는 이야기일까?

주전자에 물을 끓일 때를 생각해 봐. 물이 끓으면 수증기가 생기고,

그 수증기의 힘으로 주전자의 뚜껑이 들썩거리지? 바로 기체가 물건을 움직인 거야.

기체를 이용해 물건을 움직이게 하는 대표적인 것으로는 증기 기관이 있어.

증기 기관은 열에 의해 생긴 기체인 증기의 압력을 이용해 기계를 움직인단다.

최초의 증기 기관은 고대 그리스의 발명가 헤론이 만들었어.

기구에 물을 넣고 끓여 그 수증기로 공을 회전시켰지.

이게 증기 기관의 시초라고 할 수 있지.

빙글 빙글

압력이란?

두 물체가 닿는 면에서 서로 미는 힘을 압력이라고 해. 기체에도 압력이 있기 때문에 물이 끓으며 생긴 수증기의 압력이 뚜껑을 밀어 올린 거야.

영차

영차

고체, 액체, 기체란?

우리 주변의 모든 것은 고체, 액체, 기체 세 가지 중
하나의 상태로 되어 있어.
뭔가 모양이 있고 부피가 있는 것은 고체,
담는 그릇에 따라 모양이 달라지고 흐르는 것은 액체,
모양이나 부피가 없는 것은 기체야.
물은 액체, 얼음은 고체, 수증기는 기체란다.

제임스 와트의
증기 기관이야!

뽀~옹

증기 기관차의 원리

석탄을 떼서 물을 끓이면 거기에서 생긴
증기의 압력이 피스톤을 움직여.
그러면 피스톤에 연결된 기차 바퀴가
돌아가는 거야.

부글 부글

물

불

증기

기차 바퀴

피스톤

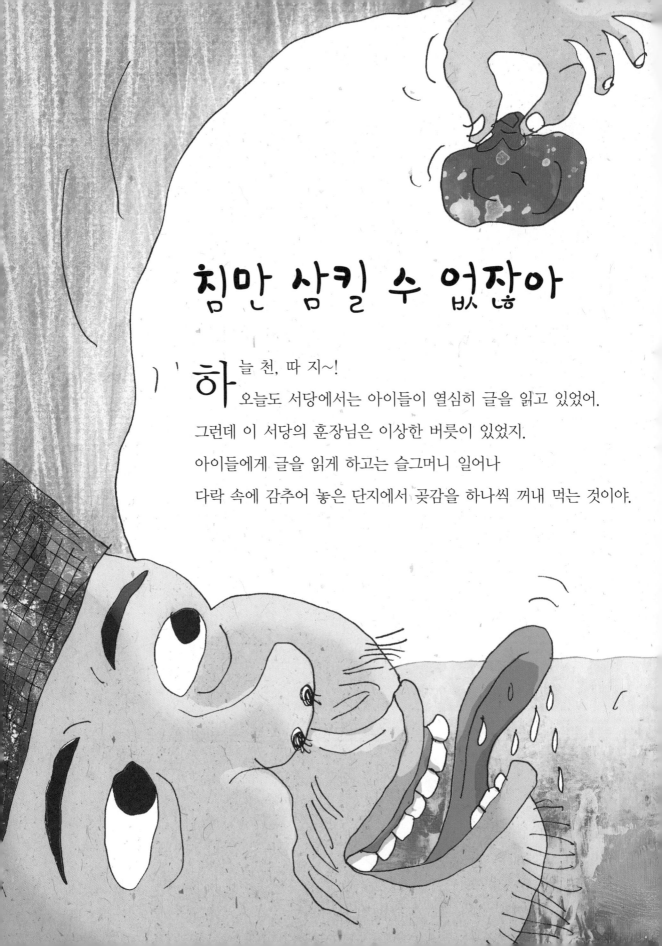

침만 삼킬 수 없잖아

하늘 천, 따 지~!
오늘도 서당에서는 아이들이 열심히 글을 읽고 있었어.
그런데 이 서당의 훈장님은 이상한 버릇이 있었지.
아이들에게 글을 읽게 하고는 슬그머니 일어나
다락 속에 감추어 놓은 단지에서 곶감을 하나씩 꺼내 먹는 것이야.

그것도 아이들 몰래 냠냠!

하지만 몰래 먹는다고 아이들이 모르겠어?

아이들은 침을 꼴깍꼴깍 삼키며 몰래 지켜보기만 했지.

한 아이가 도저히 참을 수 없어서

용감하게도 읽고 있던 책을 '탁' 덮고 물었어.

"훈장님께서 맛있게 잡수시는 것이 무엇입니까?"

물론 아이들은 훈장님이 먹는 것이

곶감이라는 것을 잘 알고 있었지.

그러나 훈장님은 능청스럽게도 이렇게 대답을 하는 거야.

"이것은 아이들이 먹으면 죽는 것이다!"

21

하루는 훈장님이 외출을 해서 아이들끼리 공부를 하고 있었어.

그때 한 아이가 벌떡 일어나 다락 속에 있는

곶감 단지를 꺼내 오는 것이 아니겠어?

"얘들아, 여기 들어 있는 곶감 우리가 먹자."

"안 돼. 훈장님이 아시면 큰일 날 텐데……."

"괜찮아, 나한테 좋은 꾀가 있으니 걱정들 하지 말고 실컷 먹어."

아이들은 순식간에 달려들어 곶감을 다 먹어 치워 버렸어.

잠시 후, 멀리서 훈장님의 기침 소리가 들려오자

곶감 단지를 꺼낸 아이가 벌떡 일어났어.

그러고는 훈장님이 가장 아끼시는 벼루를 냅다 던지는 것이 아니겠어?

벼루는 산산조각이 나 버렸지.

아이는 깨진 벼루와 곶감 단지를
앞에 놓고는 엉엉 울기 시작했어.
문을 열고 들어온 훈장님은
눈이 왕방울만 하게 커졌지.
아끼는 벼루가 박살이 나 있고
빈 곶감 단지만
뒹굴고 있었으니 말이야.
"아니, 대체 이게 무슨 일이냐?"
훈장님이 놀라 물었어.

"훈장님, 저를 죽여 주십시오.
어쩌다 훈장님께서 애지중지하시는
벼루를 깨뜨리고는 죽을 생각으로
다락 속에 있는 것을 꺼내 다 먹었습니다.
그런데 죽지도 않고 이렇게 살아 있어
울고 있었습니다. 흑흑."
그 말을 들은 훈장님은 기가 차서
'씨익' 웃고 말았대.

23

맛을 느끼게 하는 고마운 혀

맛에 대하여 알려면 우선 혀를 자세히 들여다봐야 해.
혀를 길게 내밀고 보면 작은 돌기가 오톨도톨하게 나 있는 것이 보일 거야.
이 돌기에는 맛을 느끼는 신경인 맛봉오리(미뢰)가 모여 있어.
즉, 음식이 맛봉오리에 닿으면 맛을 느끼는 세포인 미각 세포를 자극하고,
그 맛이 신경을 통해 뇌로 전달되는 거야.

24

그럼, 이런 맛있는 음식이 입으로 들어가기까지 어떤 과정을 거칠까?

곶감을 먹을 때를 예로 들어 볼게.
눈으로 곶감을 보면 그 사실이 뇌에게 전달돼.
그럼, 곶감이 맛있다는 걸 알고 있는 뇌는 먹고 싶다는 생각을 하게 되고.
팔 근육에게 움직이라고 명령을 내려.
그럼 근육은 곶감을 집어 입으로 가져가는 거야.
곶감을 보고 먹을 때까지 뇌가 모든 명령을 하는 거란다.

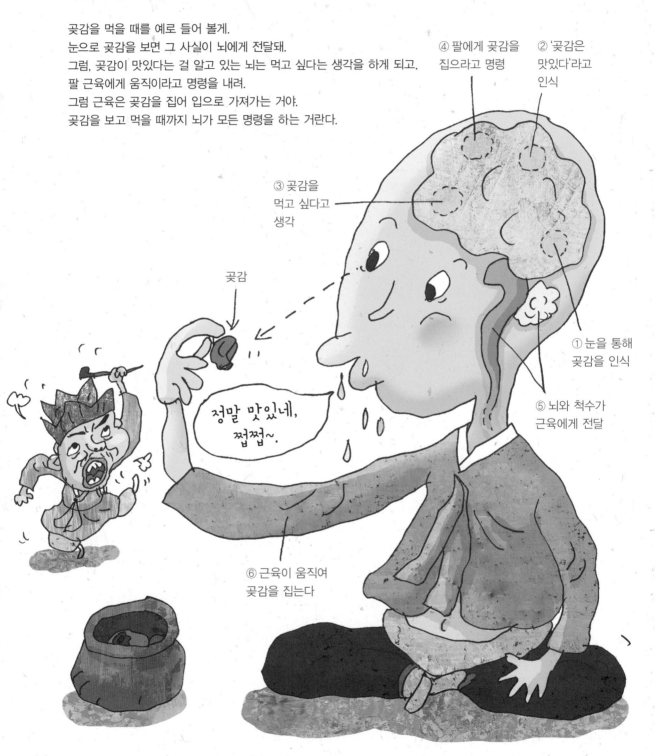

④ 팔에게 곶감을 집으라고 명령

② '곶감은 맛있다'라고 인식

③ 곶감을 먹고 싶다고 생각

곶감

정말 맛있네, 쩝쩝~.

① 눈을 통해 곶감을 인식

⑤ 뇌와 척수가 근육에게 전달

⑥ 근육이 움직여 곶감을 집는다

감기에 걸리면 음식 맛을 못 느낀다고?

별로 먹고 싶지 않아…….

음식의 맛을 못 느낀다면 정말 큰일일 거야.
맛없는 음식, 상한 음식, 맛있는 음식을
구분할 수 없을 테니까 말이야.
맛있는 음식을 먹는 즐거움도 사라지고,
상한 음식을 자기도 모르게 먹을 수도 있겠지?
그런데 감기에 걸리면 음식 맛을 잘 못 느낀다는 걸
알고 있니? 이상하지? 맛은 입안의 혀로 느끼는데,
왜 감기에 걸리면 맛을 잘 못 느끼는 걸까?

맛을 모르는 사람

휘~청

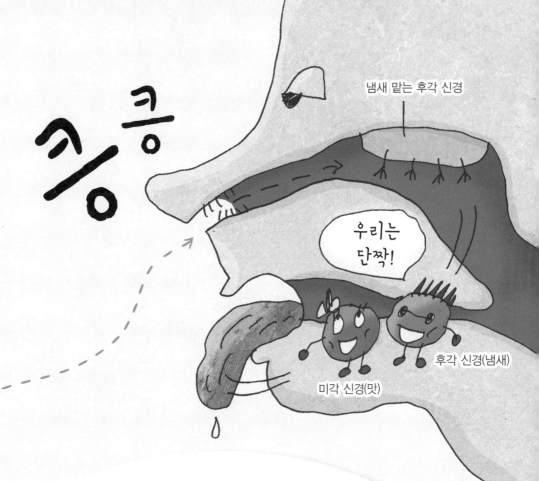

킁킁

냄새 맡는 후각 신경

우리는 단짝!

후각 신경(냄새)

미각 신경(맛)

감기에 걸리면 코가 막히게 되잖아.

그럼 냄새를 잘 못 맡게 돼.

냄새를 못 맡게 되면 맛도 제대로 느낄 수가 없거든.

한번 코를 막고 음식을 먹어 봐. 아마 별 맛을 느끼지 못할 거야.

맛과 냄새는 서로 깊은 관계가 있어.

어떤 음식이 있을 때, 혀로 맛을 보고 동시에 코로 냄새를 맡게 되잖아?

그럼 그 맛과 냄새라는 두 가지 정보가 뇌로 전달되고,

두 정보를 합쳐서 어떤 맛인지를 제대로 느끼게 되는 거야.

즉, 음식은 입(맛)과 코(냄새)로

함께 먹는 셈인 거지.

임금님의 귀는 왜 이리 큰가요?

옛날에 아주 귀가 큰 임금님이 있었어.

이 임금님은 자고 나면 귀가 자꾸자꾸 자라는 거야.

꼭 당나귀 귀처럼 커다랗고 보기가 흉해 임금님은 매우 속상해했지.

임금님은 귀를 감추기 위해 아주 커다란 모자를 썼어.

그리고 잠시도 모자를 벗지 않았어. 사람들이 알아볼 테니까.

그래서 임금님 귀가 당나귀 귀라는 것을 아무도 몰랐지. 신하들조차 말이야.

그러나 딱 한 사람, 임금님 귀의 비밀을 아는 사람이 있었어.

바로 임금님의 모자를 만드는 장인이었어.

임금님은 모자를 만들 때마다 엄한 목소리로 말하곤 했어.

"내 귀가 당나귀 같다는 것을 다른 사람에게 말하면 죽음을 면치 못할 것이다."

"아무 염려 마십시오. 임금님! 절대로 아무에게도 말하지 않겠습니다."
장인은 머리를 조아리며 임금님과 굳게 약속을 했어.

백성들은 자꾸자꾸 커지는 임금님의 모자를 이상하게 생각하기 시작했어.
"임금님의 모자가 또 커진 까닭이 뭘까?"
"그건 임금님의 덕이 점점 커 가기 때문이야."

"그렇지만 우리 백성들의 살림살이는
별로 나아진 것이 없는걸."
"백성들이 우러러봐 달라고 모자를 점점
크게 만들어 쓰고 다니시는 걸 거야."
이런 이야기를 들을 때마다 모자 만드는
장인은 우스워 죽을 지경이었어.
모자 속에 감추어진 임금님의 커다란 귀를
생각하면 절로 웃음이 나왔어.
장인은 마음이 점점 답답해지기 시작했지.
'누군가에게 임금님의 비밀을 시원하게 말하면
속이 후련해질 텐데. 휴~우!'
날이 가면 갈수록 장인은 속병이 더해 갔어.
하루는 답답함을 참지 못하고
대나무 숲으로 달려갔어.
시원한 바람이 대나무 숲을 흔들었어.
'시원하군. 대나무들에게라도 말을 하면
내 속이 조금이라도 후련해질 거야.'

장인은 두 손을 입에 모으고 큰 소리로 외치기 시작했어.

"임금님 귀는 당나귀 귀다아~! 임금님 귀는 당나귀 귀야아~!"

이렇게 외치고 나자 마음이 매우 가벼워졌어.

그날 밤, 장인은 정말 오랜만에 맘 편하게 잠을 잤어.

톡톡 과학 양념

귀가 크면 소리가 더 잘 들릴까?

그렇지 않아. 사람보다 귀가 큰 토끼는 사람보다 10배 정도 잘 듣지만, 토끼보다 귀가 훨씬 작은 박쥐는 토끼보다 훨씬 잘 듣는단다.

이런 소문이
…….

뭐야?

그리고 며칠이 지났어.

그런데 정말 이상한 일이 벌어진 거야.

바람이 부는 날이면 대나무 숲에서

이상한 소리가 들리지 뭐야.

"임금님 귀는 당나귀 귀다아~!"

"임금님 귀는 당나귀 귀야아아아~!"

이 이야기는 곧 궁궐 안 신하들에게도 전해졌어.

그리고 금세 임금님 귀에 들어갔지.

임금님은 화가 나서 소리쳤어.

"이런 고얀 대나무들이 있나. 여봐라, 지금 당장 대나무들을

모조리 베어 태워 버리도록 하여라!"

신하들은 톱과 낫을 가지고 달려가 대나무들을 모조리 베어 불태워 버렸어.

한참 후, 태워 버린 대나무 숲 자리에 어떤 농부가 감나무를 심었어.

감나무는 무럭무럭 자랐어.

그런데 또 이상한 일이 벌어진 거야.

바람이 불면 감나무 잎사귀에서 소리가 났어.

"임금님 귀는 당나귀 귀다아~!"

"임금님 귀는 당나귀 귀야아아아~!"

신하들은 쉬쉬 하며 이 소리를 막으려 했지만 바람을 막을 길은 없었어.

잘 자라는군.

임금님 귀는 당나귀 귀~

마침내 온 나라 사람들이 임금님 귀가 당나귀 귀라는 것을 알고 말았어.

임금님은 할 수 없이 커다란 모자를 훌러덩 벗어 버렸지.

"내 귀가 이렇게 큰 것은 백성들의 많은 이야기를 들으라고

신께서 만들어 주신 것이다."

그 뒤로 임금님은 모자를 쓰지 않았어.

당나귀 귀처럼 생긴 커다란 귀로

백성들의 근심과 걱정을 들으며 나라를 다스렸지.

백성들도 커다란 임금님의 귀를 무척 사랑하며 행복하게들 살았대.

백성들의
근심, 걱정이
다 들리는구나.

신기한 귀의 구조

귀는 바깥귀(외이), 가운데귀(중이), 속귀(내이)로 나누어져.
밖에서 들리는 소리를 귓바퀴에서 모아 바깥귀길(외이도)과 고막을 거쳐
청소골, 청각 신경을 통해 뇌로 소리를 전달해.

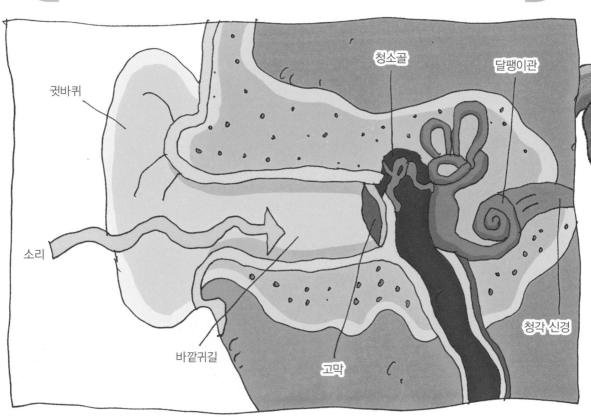

청소골

달팽이관

귓바퀴

소리

청각 신경

바깥귀길

고막

귓바퀴가 클수록
소리를 많이
모으겠군.

맞습니다요.

소리는 어떻게 들게 될까?

소곤 소곤
속닥 속닥

1. 안테나 접시처럼 생긴 귓바퀴로 소리를 모아.
   바깥귀를 통해 소리가 들어오는 거지.

2. 바깥귀길을 통해서 들어온 소리는 고막을 진동시켜.
   바깥귀와 가운데귀의 경계 부분인 고막은 얇은 막이야.
   소리는 고막에 연결된 청소골이라는 뼈도 같이 진동시키지.

3. 뼈들이 진동하면서 달팽이관에 연결된 청각 신경을 자극하고,
   청각 신경을 통해 뇌로 전달되는 거야.

유스타키오관은 콧구멍과 연결되어 있군.

반고리관

청각 신경

모루뼈

등자뼈

망치뼈

달팽이관

고막

유스타키오관

먹이 발견!

사람이 들을 수 없는 소리는 무엇일까?

사람의 귀는 항상 어떠한 소리를 듣고 있어.
그러나 모든 종류의 소리를 다 들을 수 있는 것은 아니야.
동물마다 들을 수 있는 소리의 범위가 다르거든.
사람은 너무 낮은 소리나 너무 높은 소리는 듣지 못해.
우리가 듣지 못하는 높은 소리를 '초음파'라고 해.
초음파를 일으켜 행동하는 박쥐는 어둡고 좁은 동굴 안에서 자유롭게
날아다닐 수가 있어. 뛰어난 청력에 비해 시력은 보잘 것 없거든.
쥐나 돌고래도 초음파를 이용해서 활동을 해. 사람이 들을 수 있는
가장 낮은 소리보다 더 낮은 소리인 '초저음파'를 쓰는 동물은
코끼리야. 초저음파를 이용해 짝을 찾고 서로의 정보를 주고받아.

어두워도 마음대로 훨훨~!

어디선가
사랑의 속삭임이
들려~.

바닷속에 사는 동물들도
들을 수 있을까?

소리에 의한 진동인 음파는 공기 중에서보다 물속에서 더 잘 퍼져.
그러나 물속에 사는 물고기들은 안타깝게도 들을 수 없어. 귀가 없거든.
하지만 대신 엄청나게 발달된 감각 기관을 갖고 있지.
그래서 듣지는 못해도 물속의 진동을 느끼고 행동하는 거야.
그런데 물고기가 아니라 포유류에 속하는 고래는 아주 잘 들을 수 있어.
고래는 천 미터 이상 떨어져 있는 동료의 울음소리도 들을 수 있다고 해.

이쪽에
물고기가 많아.

첨벙~!

알았다,
오버!

첨벙~!

도대체 난 어디로 갔을까?

옛 날 어느 마을에 금방 들었던 이야기도 까먹는 사람이 있었어.
얼마나 건망증이 심한지 자기 성이 '배' 씨라는 것도 잊어 먹을 정도였어.
참 답답한 노릇이지.

마누라가 보다 못해 '배' 씨라는 것을 잊어 먹지 말라고
남편의 옷고름에다 먹는 배를 한 알 달아 주었어.

어느 날 이 사람이 손님하고 인사를 하는데, 또 자기 성을 잊어 먹은 거야.

그런데 자기 옷고름을 보니까 배는 온데간데없고
꼭지만 달랑 달려 있는 게 아니겠어.

'옳지, 여기 내 성이 있구나.' 라고 생각하고는

"예, 저는 성이 '꼭지' 올시다." 하고 자신 있게 대답을 했지 뭐야.

내 성은 '꼭지'요.

꼭지 씨가 하루는 긴 담뱃대를 들고 길을 나섰어.
담뱃대를 한 손에 들고 걸어가니까
아무래도 팔과 함께 앞뒤로 왔다 갔다 하게 되겠지?

잉?
어디 갔지?

꼭지 씨는 담뱃대가 뒤로 갔을 때 깜짝 놀랐어.

'어? 내 담뱃대가 어디로 갔지?'

다시 담뱃대가 앞으로 나오면 '아, 내 담뱃대가 여기 있군!'

다시 담뱃대가 뒤로 가면 '어, 내 담뱃대가 어디로 갔지?'

다시 담뱃대가 앞으로 나오면 '아, 내 담뱃대가 여기 있군!'

이렇게 꼭지 씨는 한나절을 걸어가면서 계속 중얼거렸어.

'어, 내 담뱃대가 어디로 갔지?' '아, 내 담뱃대가 여기 있군!'

맑은 물이 흐르는 시내를 만난 꼭지 씨는 한숨 쉬고 가기로 했지.

갓과 두루마기를 나뭇가지에 걸쳐 놓고 나머지 옷들은

바위 위에 단정하게 벗어 놓은 다음, 시원한 물속으로 '첨벙' 들어갔어.

한참동안 물장구를 치며 놀고 있던 꼭지 씨는 무심코 위를 쳐다보았어.

그런데 나뭇가지와 바위 위에 웬 옷가지들이 놓여 있거든.

꼭지 씨는 커다랗게 웃으면서 소리쳤어.

"정신 나간 사람 같으니라고. 아무리 정신이 없어도 그렇지,

옷을 저런 데다 벗어 놓고 가는 사람이 어디 있누. 하하하."

꼭지 씨는 자기 옷인 줄도 모르고 그 옷을 입었어.

'오늘 참 재수 좋은 날이군.'

꼭지 씨는 기분 좋게 걸어가다가 스님을 만났어.

"안녕하십니까? 나무아미타불."

건망증이
어지간하군~.

44

스님의 인사를 받으니 꼭지 씨도 인사를 안 할 수 있나?

"스님은 어느 절에 계십니까?"

"예, 소승은 저 산 너머 절에 있습니다."

잠시 후, 꼭지 씨는 스님에게 또 물었어.

"스님은 어느 절에 계십니까?"

"소승은 저 산 너머 절에 있습니다."

그리고 몇 발자국 가다가 또 물었어.

"스님은 어느 절에 계십니까?"

"소승은 저 산 너머 절에 있습니다."

스님은 몇 번을 이렇게 주고받고서야 이 사람이 바보라는 것을 알았지.

스님은 꼭지 씨를 한번 골려 주고 싶은 생각이 들었어.

한번
골려 줘야지.

꼭지 씨와 스님은 저녁 늦게 어느 주막에 들었어.
같이 저녁을 먹고는 같은 방에서 자게 되었지.

꼭지 씨는 너무 피곤해 금세 잠이 들었어.

다음 날, 새벽에 일찍 잠이 깬 스님은 재미난 생각을 했어.

스님은 자신의 머리처럼 꼭지 씨의 머리를 박박 깎아 버렸어.

그리고 꼭지 씨가 입고 있던 옷도 죄다 벗기고 자신의 옷을 입혔지.

스님은 꼭지 씨의 옷을 입고 어디론가 가 버렸어.

푹 자고 일어난 꼭지 씨는 사방을 두리번거리다가

거울에 비친 자기 모습을 보고 생각했어.

'이상하군. 중은 여기 있는데 나는 어디로 간 거야? 나가서 나를 찾아봐야겠어!'

톡 톡 과학 양념

단기 기억과 장기 기억

사람의 기억에는 단기 기억과 장기 기억이 있어. 단기 기억은 뇌에서 보통 몇 분정도 기억을 저장하지만 장기 기억은 몇 달이나 몇 년, 혹은 평생 동안을 기억해.

깜빡깜빡 기억을 잊어버린다고?

사람의 뇌는 서른 살이 넘으면 세포 수가 줄어들기 때문에
잠깐동안 기억력이 없어지는 경우가 있어. 뇌가 처리해야 할 일이 너무 많기 때문에,
어떤 기억이 뇌 속 어딘가에 저장되어 있어도 꺼내 오지 못하는 거야.
즉, 생각이 나지 않는 거지. 이런 경우는 시간이 지나면 자연스럽게 기억이
되살아날 수가 있어. 하지만 뇌를 다쳐 뇌의 기능에 문제가 생긴다면
평생 기억을 찾을 수 없을 거야.

48

건망증의 원인은?

흔히 건망증과 치매를 헷갈리기도 하지? 건망증은 보통 "깜빡했다."고 말하는 증상이야.
잠깐 생각이 안 나지만 조금 있으면 기억이 나.
하지만 뇌의 병 때문에 생기는 치매는 아예 그 일을 어떻게 하는지를 잊어버리는 거야.
기억력뿐 아니라 계산이나 학습 능력 등도 떨어지게 돼.
건망증이 생기는 이유는 정확하게 밝혀지지 않았지만 스트레스가 가장 큰 원인이라고 해.
정신적으로 불안하거나 초조하고 우울하면 뇌가 제 기능을 못해 장애가 생겨 건망증이 생기는 거야.
몸이 피곤하거나 잠이 부족해도 건망증이 오기 쉬워.

뇌의 구조와 하는 일

우리의 뇌는 대뇌, 소뇌, 간뇌, 연수, 중뇌 등으로 이루어져 있어.
이 중에서 대뇌는 오른쪽 뇌와 왼쪽 뇌로 나뉘어 있지.
오른쪽 뇌와 왼쪽 뇌는 하는 일이 서로 달라.
왼쪽 뇌는 주로 생각하고 말하고 계산하는 일을 맡아서 하고,
오른쪽 뇌는 그림이나 음악 등 예술적 감성과 관계가 있지.
소뇌는 몸의 균형 감각과 운동 능력을 조절해.
간뇌는 체온과 혈압, 혈당 등을 조절하고,
연수는 소화나 호흡을 조절하며 몸의 반사 운동과 관련이 있어.

대머리가 된 영감님

어 느 산골 마을에 금슬 좋은 늙은 부부가 살고 있었어.
하지만 자식이 없어 늘 쓸쓸하게 지냈지.
부부는 밤낮으로 아이가 생기기를 빌었어.
하늘도 감동했는지 겨우 떡두꺼비 같은 아들을 하나 얻게 되었어.
어느 날, 영감님이 산 너머 잔칫집에 갔다 왔더니
글쎄 아내가 빨래 방망이를 손에 든 채로 엉엉 울고 있는 거야.
깜짝 놀란 영감님이 무슨 일이냐고 물었지.

그러자 아내가 방 안의 아기 베개를 가리키면서 말했어.

"엉엉, 글쎄 제가 빨래를 하고 있는 틈에

호랑이가 들어와 아기를 물고 갔지 뭐예요. 엉엉."

영감님은 기가 막혀 한참 동안 넋을 잃고 멍 하니 있었지.

겨우 정신을 차리고 나서 호랑이를 찾아 나섰어.

아기를 물고 가는 호랑이를 보았다는 사람들의 말을 듣고
산속을 하루 종일 헤맸어.
정신없이 호랑이를 찾다 보니 커다란 바위가 호랑이로 보이기도 했고,
조그만 소리가 들려도 호랑이가 내는 소리 같아 달려가곤 했어.
하지만 어디에도 아기를 물고 간 호랑이는 없었어.
밤이 되자 달빛이 만들어 놓은 나무 그림자가
호랑이처럼 보여 몇 번이나 속기도 했지.

마침내 영감님은 어느 굴을 발견하고 살금살금 안으로 들어갔어.
다행스럽게도 거기에는 아기가 조용히 잠을 자고 있었지.
영감님은 너무나 기뻐 '오! 신령님!'하고
가느다랗게 외치며 아기에게로 다가갔어.
굴에 있는 아기는 분명히 영감님의 아들이었어.
그런데 영감님이 아기를 안고 굴속에서 나오려고 하는데
밖에서 불빛이 번쩍거리는 것이 아니겠어?
바로 호랑이 눈에서 나는 광채였던 거야.

톡 톡 과학 양념

호랑이 눈에서 빛이?

호랑이 눈에서 빛이 나오는 것처럼 보이는
것은 눈에 들어온 빛 중의 일부가 반사되었
기 때문이야. 밤의 희미한 빛으로는 잘 볼 수
없기 때문에 자기 눈에 받아들였던 빛을 모
아 다시 한 번 쏘아 보내는 거지. 특히 밤에
활동하는 야행성 동물의 눈은 꼭 빛을 뿜어
내는 것처럼 보여.

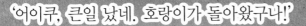

'어이쿠, 큰일 났네. 호랑이가 돌아왔구나!'
아기를 꼭 안은 영감님은 당황해 어쩔 줄을 몰랐어.
호랑이의 두 눈에서 뿜어져 나오는 빛이 점점 굴 쪽으로 다가오고 있었거든.
'어떻게 여기를 빠져 나간담······.'
하지만 호랑이에게 잡혀가도 정신만 차리면 산다는 말이 있잖아.
마침 영감님의 머릿속에, 호랑이란 놈은 워낙 의심이 많아
자기 굴에 들어올 때도 굴속을 살펴보고
꼬리부터 들어온다는 말이 생각난 거야.

영감님은 아기를 굴속 깊은 곳에 숨기고
호랑이 꼬리가 들어오기를 기다렸어.
아니나 다를까 잠시 후,
호랑이 꼬리가 슬금슬금 안으로 들어오기 시작한 거야.
영감님은 온 힘을 다해 호랑이 꼬리를 휘어잡고
소리를 지르며 궁둥이를 냅다 걷어찼지.
이게 웬 날벼락이냐 하며 깜짝 놀란 호랑이는
붉은 똥을 '뿌지직' 싸면서 줄행랑을 쳤어.

호랑이가 싼 똥은 엄청나게 뜨거운데, 끓는 쇳물처럼 뜨거운
호랑이 똥 한 덩어리가 그만 영감님의 머리 위로 떨어졌어.
자고 있던 아기의 이마에도 튀었지.
이 바람에 자고 있던 아기가 깜짝 놀라 깨어 엉엉 울기 시작했어.
뜨거운 호랑이 똥을 맞은 영감님의 머리는 홀랑 다 타서
대머리가 되어 버렸고 말이야.
하지만 영감님은 대머리가 되어도 기쁘기만 했어.
이 세상을 다 주어도 바꿀 수 없는 귀한 아이를 다시 찾았으니까.

대머리는 왜 생기는 걸까?

대머리는 유전에 의해 많이 생겨. 즉, 집안에 대머리인 사람이 있으면 그 자손도
대머리가 될 가능성이 높은 거지. 남성 호르몬인 '안드로젠'이 만들어 내는 것들 중에
'테스토스테론'과 'DHT'라는 것이 있는데, 이것들이 대머리를 만드는 데에
중요한 역할을 해. 머리카락이 가늘어지면서 머리가 빠지는 것이 대머리의 시작이야.
아참, 남자뿐 아니라 여자도 대머리가 될 수 있어. 단지, 여자는 머리가 길고
머리 모양에 변화를 줄 수 있기 때문에 잘 드러나지 않을 뿐이야.

쑥~

쑥~

쑥

히히,
재밌다.

머리카락 ←

어서 와!

우리가 친해지면
머리가 송송
빠질 거야.

우리가
만든
아이야.

테스토스테론 ←

안드로젠 ←

DHT ←

머리를 마구 마구
뽑아 버려야지.

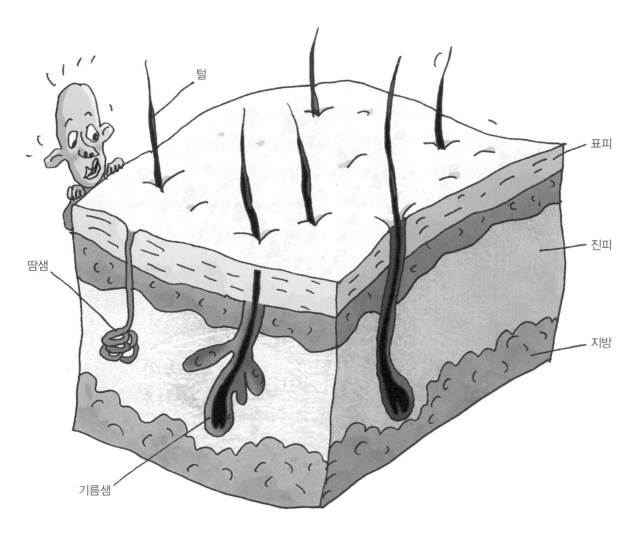

털

표피

진피

지방

땀샘

기름샘

우리 몸의 피부는 어떻게 생겼을까?

피부는 표피, 진피, 지방으로 구성되어 있어.
햇볕에 그을리거나 탔을 때 허옇게 껍질이 벗겨지면서
떨어져 나가는 것이 바로 표피야. 진피는 피부 가죽을 말해.
진피 속에 있는 땀샘에서는 땀을 밖으로 내보내고
기름샘에서는 피부가 건조해지지 않도록 피부를 보호하는 일을 해.
체온을 조절하는 털도 중요한 역할을 하고 있어.
더울 때는 털이 누워 땀구멍을 넓혀서 땀이 많이 나오게 하고
추울 때는 꼿꼿하게 서서 땀이 몸 밖으로 많이 나오지 못하게 해.
추울 때 소름이 돋는 것은 몸속에 있는
따뜻한 공기를 잡아 두려고 피부가 부풀기 때문이야.

더울 때

소름이
돋은 모습

추울 때

61

똥으로 채소를 키운다?

똥은 퇴비로 만들어 아주 훌륭한 거름으로
쓸 수가 있어. 똥 속에는 땅을 기름지게 하는
질소와 인이 많이 들어 있기 때문이지.
퇴비가 뭐냐고? 음식물 찌꺼기나 똥, 짚 등을
높게 겹쳐 쌓아 썩혀서 만든 비료야.
똥을 오랫동안 두면 퇴비가 되는데 이때 똥에 있는
나쁜 균들이 다 죽고 안전한 퇴비가 만들어져.

물 50ℓ

똥 한 덩어리를
처리하려면
이 정도 물이
필요해.

왱~

구리

구리

62

땅을 기름지게 하려면?

이렇게 만들어진 천연 퇴비를 땅에 뿌려 주면
미생물과 지렁이가 땅속으로 돌아와 흙이 기름지게 되는 거야.
똥을 퇴비로 만들 때에는 낮은 온도에서 만드는 방법과 높은 온도에서 만드는 방법이 있어.
낮은 온도에서 만드는 방법은, 사람의 체온과 비슷한 37도 이하에서
오랫동안 똥을 푹 삭히면서 서서히 퇴비로 만드는 거야.
이때 똥에 있는 미생물들은 다 죽어.
높은 온도에서도 죽지 않는 미생물을 이용하는 방법도 있어.
50도 이상에서는 나쁜 세균들은 거의 다 죽거든.
이런 퇴비는 냄새도 좋고 다루기도 쉬워서, 먹거리로 쓰이는
작물을 키우는 데 좋아.

내가
기름진 땅이 된 것은
다 똥으로 만든
맛난 퇴비 덕이야.

먹을 것이
많군.

마른 똥에서
나온 벌레야.

오늘
메뉴는?

오늘은 똥이
푸~욱 삭은 땅으로
가서 실컷 먹어야지.

같이 가요!

냄새 값은 얼마?

깊은 산속에 있는 절의 스님이 시주를 받으러 마을로 내려 왔어.

스님은 이 집 저 집 문 앞에서 목탁을 두드렸지.

마을 사람들은 조금씩 스님에게 시주를 했어.

그런데 스님이 주막을 지나치다 걸음을 딱 멈추고 말았어.

주막에서 솔솔 풍기는 고깃국 냄새가 스님의 발길을 붙잡은 거야.

스님은 침을 꿀꺽 삼키며 목탁을 두드리기 시작했어.

그러고는 눈을 감고 구수한 고깃국 냄새를 코로 들이켰지.

스님은 고기나 술을 먹을 수가 없잖아.

그러니까 먹지는 못해도 냄새라도 실컷 맡으려는 거였어.

그런데 주막 주인이 아주 고약한 사람인 거라.

국을 끓이면서 보니까 웬 중이 우두커니 서서

코를 벌름거리고 있는 것이 아니겠어.

주인은 금세 알아차렸어.

'음! 저 놈의 중이 내가 끓이는 고깃국 냄새를 맡고 있구나.'

왠지 주인은 자기가 엄청 손해 보는 느낌이 들었어.

'절대 공짜로 냄새를 맡게 할 수는 없지.'

정말 지독한 사람이지?

톡톡 과학 양념

냄새의 종류

사람이 맡을 수 있는 냄새의 종류는 자그마치 약 4천 가지나 된다고 해. 신기한 것은, 지독한 악취 분자 1개가 신선하고 상쾌한 공기 분자 300억 개 속에 섞여 있어도 그 악취를 맡을 수 있대. 정말 대단한 코~지?

주막 주인은 스님에게 버럭 소리를 질렀어.
"여보시오. 스님! 남의 고깃국 냄새를
아무 대가도 없이 함부로 맡는 법이 어디 있소?"

주인은 스님의 옷을 붙들고 막무가내로 소리쳤어.

정신없이 고깃국 냄새를 맡고 있던 스님은 깜짝 놀랐지.

"돈을 내시오! 남의 고깃국 냄새를 돈 한 푼 안 내고 벌름벌름 공짜로 맡다니!"

스님은 아직까지 냄새만 맡고 그 값을 냈다는 소리를

한번도 들어 본 적이 없었기에 어안이 벙벙했지.

'나무아미타불. 이거 야단났네. 이를 어쩐다?'

하지만 금세 스님에게 좋은 생각이 반짝 떠올랐어.

"당연히 냄새의 값을 드려야지요. 아무렴요. 알았으니 이 옷 좀 놓으시구려."

"옳지! 이 바랑 속에 시주로 받은 돈이 있겠지? 얼른 냄새 값을 내놓으시오."

주인은 잡고 있던 옷을 놓아 주었어.

스님은 메고 있던 바랑 속을 뒤적여 시주로 받은 동전 몇 닢을 꺼냈어.

"주인 양반, 이리 가까이 오시오."

스님이 냄새 값을 주는 줄 알고는 주인이 얼른 다가왔어.

그러자 스님은 주인의 귀에다 대고 동전을 '쨍그랑 쨍그랑' 울렸어.

"냄새의 값은 이렇게 돈 소리로 내는 것이 제일 좋은 방법이겠지요."

돈 소리를 들은 주인은 입가에 웃음을 머금고 고개를 끄덕였어.

"참 좋은 방법입니다. 마음껏 냄새를 맡으십시오.

그리고 돈 소리를 저에게 들려주시면 됩니다. 하하하."

70

스님은 코를 벌름거리며 구수한 고깃국 냄새를 마음껏 맡았어. 흠흠.

주인은 흐뭇한 표정으로 귀를 쫑긋 세워 '쨍그랑 쨍그랑' 돈 소리를 들었대.

어떤 냄새도 나를 벗어날 수는 없어!

코안을 들여다보면 콧구멍 바로 위쪽에 5억 개가 넘는 털(섬모)이 나 있어.
이것들이 바로 냄새를 맡는 후각 신경이야.
냄새가 이 섬모에 닿으면 즉시 화학적 변화가 일어나고
그것이 뇌로 전달되어 우리가 냄새의 정체를 알 수 있게 되지.

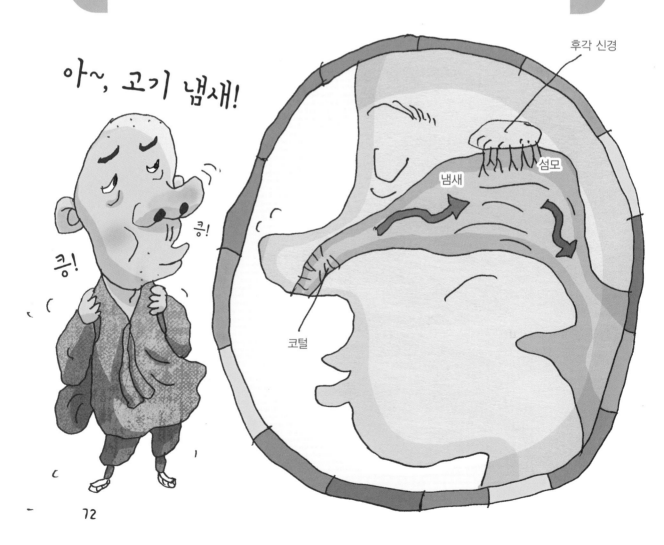

아~, 고기 냄새!

킁!

킁!

후각 신경

냄새

섬모

코털

흠~
좋은 냄새!

꼴깍!

침을 담아
놓은 병

와~

이만큼이나
삼킨다고?

1리터

1리터

맛있는 음식을 보면 군침이 돌지?
음식물이 입안에 들어가 씹히고 으스러지며 뒤섞일 때
침이 섞여 소화시키기 쉽게 만들어. 침 속에는 소화를 돕는 물질이 들어 있거든.

**그런데 한 사람이 하루에 삼키는 침의 양이
무려 2리터나 된다고 해.**

우리가 마시는 작은 우유팩의 10배나 되는 엄청난 양이지.

킁
킁

코는 맛있는 음식의 냄새를 입과 위로 전해 줘.

그래서 맛있는 냄새를 맡으면 입안에 침이 고이고
위에서는 위액이 활발하게 음식을 맞을 준비를 하지.
음식의 맛을 느끼게 하는 데에는 미각뿐 아니라 후각도 필요하다는 거, 알고 있지?

냄새 때문에 숨 막혀!

켁!

우리는 세균!

정말 끔찍한 땀 냄새!

땀이 뻘뻘 나는 더운 여름날, 많은 사람이 타고 있는 버스나
엘리베이터에서 나는 고약한 냄새! 정말 괴롭지? 땀 냄새, 발 냄새, 입 냄새 같은 것은
정도의 차이는 있지만 누구에게나 있어. 이런 냄새들은 왜 나는 것일까?
땀은 땀샘에서 나오는데, 땀샘에는 두 가지 종류가 있어.
'에크린선'과 '아포크린선'이야. 그중 아포크린선은 겨드랑이처럼 털이 많이
나는 곳에 많은데, 지방이나 단백질 등이 많기 때문에 세균들이 무척 좋아하지.
세균들이 이런 물질들을 분해할 때 나오는 암모니아나 지방산이
바로 고약한 냄새의 원인이야.

우웩~!
냄새~ 냄새!

일주일째 신은
양말

축축한 것이
우리가 살기에는
딱이군.

참기 어려운 입 냄새

입안에는 아주 많은 미생물들이 살고 있어.
입안에 있는 음식 찌꺼기들을 먹기 위해서지.
이 녀석들이 음식 찌꺼기를 먹기 위해
분해를 할 때 생기는 물질이 입 냄새를 일으킨단다.
입에서 나는 냄새로 몸의 병을 알 수도 있다고 해.

그럼 발 냄새의 주범은?

발 냄새는 신고 있는 양말이나 신발 때문에
땀으로 축축해진 발바닥의 각질 때문이야.
세균들이 탱탱 불은 각질을 맛있게 먹으면서
만들어 내는 물질이 바로 발 냄새를 일으켜.

풀~

풀~

풀~

오줌손이의 모험

옛날 어느 마을에 자식 없이 살던 부부가
늘그막에 아들 하나를 겨우 얻었어.

그런데 이 아기가 좀 이상한 거야.

한번 오줌을 싸면 오줌이 개울처럼 좔좔 흘렀어.

그래서 부모님은 아기 이름을 '오줌손이'라고 지어 주었어.

걷지도 못하는 아기가 오줌을 이렇게나 많이 싸니 부모님들은 정말 골치가 아팠지.

겨우겨우 뒤치다꺼리를 하면서 몇 해를 보냈어.

열일곱 살쯤이 되었나?

이젠 오줌을 싸면 강물이 되어 흐를 정도로 콸콸 쏟아져 나왔어.

마을에서 싸면 큰일이 나니까 산 너머 멀리까지 가서 누고 와야 했지.

할 수 없이 마을을 떠나야 했어.

출렁~ 출렁~

콸콸콸~

오줌손이는 부모님에게
작별 인사를 하고 먼 길을 떠났어.
한참을 가다 보니 저 멀리
커다란 나무가 보이는데 이 나무가
갑자기 하늘로 솟았다가 다시 아래로
쑤욱 내려오는 것이 아니겠어.
'왜 저러지?' 하고 가까이 가 보니
바위만큼 큰 콧구멍을 가진 놈이
누워서 잠을 자고 있는 거야.

톡톡 과학 양념

하루에 누는 적당한 오줌의 양은?

어른이 하루에 누는 오줌의 양은 1~2리터 야. 큰 생수병에 들어 있는 물이 2리터 정도 거든. 그러니 오줌손이는 정말 어마어마하게 누는 거야.

콧바람이 얼마나 센지 숨을 한번 내쉬면
나뭇가지가 밀려서 하늘로 올라가고, 들이마시면
나뭇가지가 쑤욱 빨려서 다시 땅으로 떨어지는 거야.
오줌손이가 자는 놈을 흔들어 깨웠지.
"뭐하는 놈이 이리도 요란하게 잠을 자는 것이냐?"
"너는 뭐하는 놈인데 잠자는 나를 함부로 깨우느냐?"
옥신각신 싸우던 둘은 어느새 정이 들어 서로 인사를 나눴어.
태어날 때부터 콧바람이 세어서 '콧바람손이'라고 부른대.
오줌손이와 콧바람손이는 친구가 되어 다시 길을 떠났어.

들썩~

들썩~

푸푸~   크항~

한참을 가다 보니 멀리서 산 하나가 보였다 안 보였다 하는 거야.

가까이 가 보니 험상궂게 생긴 어떤 놈이

커다란 곰배(곰방메)를 산허리에 갖다 대고 밀었다 당겼다 하는데

그때마다 산이 왔다 갔다 하는 거였어.

"너는 뭐하는 놈인데 애꿎은 산을 이리저리 옮기며 장난질을 하고 있는 거냐?"

"너희들이야말로 가던 길이나 가지 남 노는 데 와서 웬 참견이냐?"

세 사람이 한참을 싸우더니 또 그만 정이 들었단 말이야.

험상궂게 생긴 놈은 항상 곰배를 가지고 다니기 때문에

'곰배손이'라고 부른다고 했어.

셋은 다시 여행을 시작했지.

한참을 가다가 보니 이번에는 커다란 산이 이쪽저쪽 왔다 갔다 하는 거야.

그런데 가만 보니 커다란 손을 가진 웬 놈이 산을 통째로 들고 있는 것이었어.

셋은 다가가 말을 걸었어.

이야압!

"아무리 힘이 좋아도 그렇지,
어찌 가만히 있는 산을
들고 다니는 거냐."
"힘이 남아돌아가니
이렇게라도 하는 수밖에…….
영차!"
넷은 친구가 되기로 하고
길을 떠났어.

그런데 이때 북쪽에서 오랑캐들이 쳐들어 왔어.

네 사람은 오랑캐들이 진을 치고 있는 곳으로 갔어.

그 수가 얼마나 많은지 꼭 개미떼 같았지.

네 사람은 산 위로 올라가 오랑캐를 무찌를 작전을 짰어.

우선 바위손이가 집채만 한 바위들을 번쩍 들어다가 골짜기를 모두 막아 놨지.

다음에는 오줌손이가 나섰어.

오줌손이는 오줌을 인정사정 볼 것 없이 갈기기 시작했어.

콸콸콸 마치 홍수가 난 것처럼 적들이 있는 곳을 덮쳐 버리기 시작했지.

순식간에 물바다, 아니 오줌바다가 되어 버린 거야.

적들은 오줌 속에서 허우적거리며 오줌에 빠져 죽을 팔자들이 되었어.

그러자 콧바람손이가 나서서 있는 힘껏 콧바람을 불기 시작했어.

쌩쌩 부는 콧바람 때문에 오줌이 눈 깜짝할 사이에 꽁꽁 얼어붙었지.

콸콸콸~

오랑캐 살려!

으아악~

오줌에 빠진 적들은 겨우 목만 밖으로 나온 채 꽁꽁 얼어 버렸어.

"자, 이제 내가 나설 차례야."

이번에는 곰배손이가 곰배를 들고 얼음덩어리를 이리저리 밀고 다녔어.

"자, 어떠냐? 맛을 더 볼 테냐?"

마지막으로, 힘이 남아도는 친구가 얼어서 꼼짝 못하는 오랑캐들을

얼음째 들고 우리 군사들이 있는 곳으로 가져 갔어.

꼼짝없이 포로가 된 적들은 모두 목숨만 살려 달라고 빌었지.

이렇게 네 사람은 보기 좋게 오랑캐들을 물리쳤어.

나라에서는 큰 공을 세운 네 사람에게 많은 상을 주었어.

그 후로도 네 사람은 나라를 위해 많은 일들을 했대.

이야압!

흥~ 흥~ 흥~

쏙~ 쏙~

냄새 나~

나, 요강!

오줌을 보면 건강이 보인다고?

오줌은 몸속 암모니아가 변해 만들어진 요소와 물로 이루어져 있어.
우리 몸에 필요 없는 물질인 암모니아는 독한 성질을 갖고 있는데,
간에서 요소라는 것으로 바뀌게 돼. 이 요소가 피를 따라
신장으로 와서 물과 함께 몸 밖으로 나가는 게 바로 오줌이야.
오줌의 대부분은 물로 이루어져 있어. 물 다음으로는 요소가
많이 들어 있고, 그밖에 아주 적은 양의 포도당, 아미노산,
무기염류 등이 들어 있지. 오줌에 들어 있는 요소의 양은
먹은 음식의 종류나 환경 등에 의해서 달라진단다.
나중에 어른이 되면 건강 검진이라는 것을 하는데,
그때 오줌을 받아서 내라고 해. 더럽게 왜 오줌을 내냐고?
그건 바로 오줌으로 건강 상태를 알 수 있기 때문이야.
어떤 병에 걸리면 오줌의 성분이 변하거든.
예를 들어, 당뇨병에 걸린 사람의 오줌에는 포도당이 많이 들어 있어.
오줌은 요소를 몸 밖으로 내보내는 것 말고도
몸 안의 삼투압과 수분의 양을 조절하는 중요한 역할을 해.

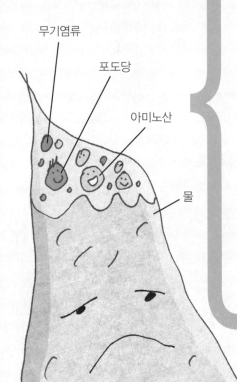

무기염류
포도당
아미노산
물

나, 오줌이야!

오줌의 대부분은 물로 되어 있군.

아유~, 냄새!

오줌이 만들어지는 과정

오래 참으면 병이 돼!

동맥

정맥

사구체

보먼주머니

모세 혈관

세뇨관

오줌

신우

⋯▶ 포도당, 아미노산, 무기염류, 물 등이 세뇨관으로 빠져 나와.
⋯▶ 포도당, 아미노산, 무기염류, 물 등이 다시 한 번 모세 혈관으로 흡수돼.

크기가 작은 포도당, 아미노산, 무기염류, 물 등은 보먼주머니에서 요소와 함께 세뇨관으로 빠져 나와.

하지만 포도당, 아미노산, 무기염류, 물은 다시 세뇨관을 감싸고 있는 모세 혈관으로 대부분 흡수되지.

하지만 요소가 포함된 오줌은 신우에 모였다가 방광에 저장되고, 몸 밖으로 나오는 거야.

몸속에 쌓이는 노폐물의 정체

뿌직 뿌직

휘유~ 냄새

모든 동물과 식물은 음식물을 먹어야 움직일 수 있는 힘이 나고,
몸을 만드는 구성 요소가 되는 거야. 하지만 이런 과정에서 몸에 필요 없거나
해가 되는 물질들이 생기기도 해. 이러한 모든 물질을 노폐물이라고 해.
그럼 노폐물은 왜 생길까? 동물이 먹은 음식물 속에 들어 있는 탄수화물이나
지방은 분해가 되어 이산화탄소와 물이 되는데, 단백질은 이산화탄소와 물 말고도
암모니아나 요소, 요산 같은 노폐물을 만들어. 식물들도 노폐물이 생기지만
대부분이 밖으로 내보내지 못하고 몸속에 저장이 되지.

빨리 몸 밖으로
내보내야지~.

물, 이산화탄소,
암모니아 등

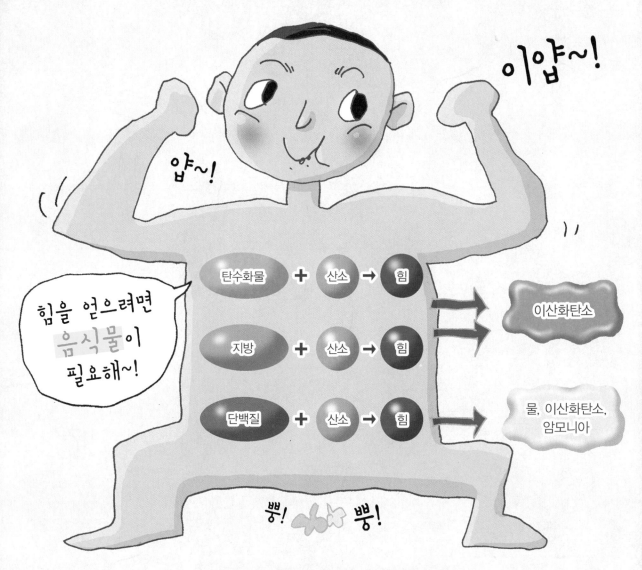

동물들이 내보내는 노폐물의 종류

1 **어류는 암모니아**
대부분의 어류는 독성이 강한 암모니아를 내보내.
하지만 환경에는 해롭지 않아.

2 **포유류나 양서류는 요소**
간에서 암모니아를 독성이 거의 없는
요소로 바꿔 내보내.

3 **곤충, 파충류, 조류는 요산**
요산은 독성이 거의 없어.
물에 잘 녹지는 않고 반고체 상태로 내보내.

떡 맥 보기

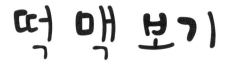

옛 날에 어떤 나그네가 길을 가고 있었어.
그런데 아침부터 아무것도 먹지를 못해
배가 이만저만 고픈 게 아니었어.
'하루 종일 걸었더니 배가 고파 죽겠군. 어디 가서 요기라도 해야지.'
하고 두리번거리는데 마침 어떤 노인이
나귀를 타고 급히 가고 있는 거야.
'바삐 가는 것이 의원 같은데, 따라가면 먹을 것이라도 얻겠지.'
　　노인은 동네 부잣집 아들이 아파서
급히 불려 가는 의원이었어.
　　나그네는 슬그머니 노인을 따라갔지.

꼬르륵~
꼬르륵~

한참을 가더니 웬 부잣집으로 들어가는 거야.
나그네는 사정이나 알아보려고 문 밖에서 기다렸지.

노인이 급하게 아들이 있는 방으로 들어가더니 금방 다시 나왔어.

"이런 병은 처음 보는구려.

환자가 숨이 콱 막히고 손에 맥이 없으니 어찌할 수가 없소."

이렇게 말하고는 휙 가 버리지 뭐야.

"아이고, 이제 우리 아들이 죽나 보다. 엉엉."

아들의 병이 무엇인지 모르니 부모 마음이 오죽이나 아팠겠어.

노인이 가 버리자 나그네는 어떻게 할까 잠시 생각을 했지.

'숨이 막히고 맥이 안 뛴다고? 음…… 그렇다면 떡 먹고 체한 것이 아닐까?

나도 전에 죽을 뻔한 적이 있는데.'

그냥 가자.

어서 병이 나아야 할 텐데…….

90

나그네는 다짜고짜 집 안을 향해 큰 소리로 말했어.

"이리 오너라. 여기 유명한 의원이 오셨다."

그러자 식구들이 우르르 몰려들어 누구냐고 물었어.

"허허, 떠억 들어가서 맥을 보자는데 말이 많구먼."

나그네는 '떠억'이란 말과 '맥'이란 말에 힘을 주어 더 크게 말했어.

이게 웬 구세주냐 하며 식구들은 어서 들어오라고 반겼지.

나그네가 아이의 맥을 짚어 보니 정말 맥이 잘 뛰지를 않는 거야.

'내가 전에 체했을 때와 증상이 똑같구먼.'

91

나그네는 시침을 뚝 떼고 말했어.

"음, 떡 맥이라. 큰일 날 뻔했소."

그러자 아버지라는 사람이 넙죽 절을 하며

"의원님, 아까부터 자꾸 '떡 맥'이라고 하시는데 그게 무슨 말이오?"

"떡을 먹고 체했다는 말이오."

"아니, 그걸 어떻게 아셨습니까?

아까 시장하다고 떡을 급히 먹었는데……. 참 용하십니다."

그러자 나그네는 더 큰 소리로 말했어.

"지금 이러고 있을 때가 아닙니다.

한시라도 빨리 약을 지어 먹여야 살릴 것 아닙니까?"

나그네는 조용히 약을 지어야 한다며

식구들을 방에서 내보낸 다음

아무도 들어오지 못하게 방문을 걸어 잠갔어.

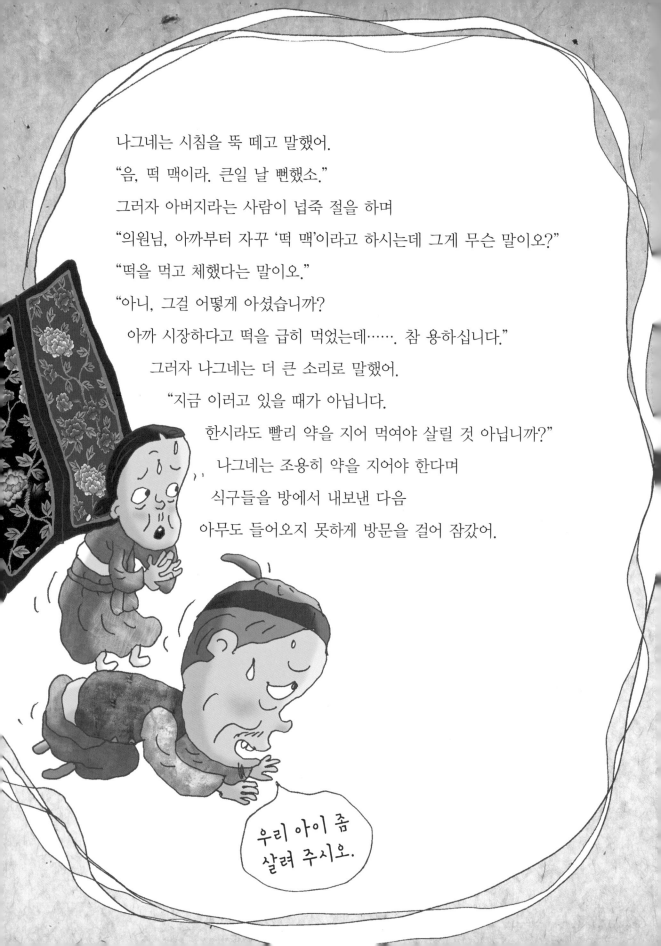

우리 아이 좀
살려 주시오.

그런데 이 돌팔이 의원이 도대체 어떻게 약을 만든다고 했을까?

'이렇게 체한 사람은 토하게 하는 것이 최고지.'

그러더니 신고 있던 버선을 벗는 거야.

제대로 씻지도 못하고 몇 날 며칠을 걸어 다녔으니

지저분한 것은 이루 말할 수 없을 정도였어.

발가락 사이에는 때가 꼬질꼬질했지.

구리~ 구리~

나그네는 발가락 사이에 끼어 있는
때를 털어 내더니 살살 뭉쳐서
동글동글하게 만들었어.
마치 환약처럼 말이야.
언뜻 보면 한약방에서 지어 온
명약 같아 보였어.
냄새는 그야말로 몇 년 묵은
똥 냄새 저리 가라였지. 우웩!
그걸 아들의 입안에 여러 개
탈탈 털어 넣고 기다렸어.

와아~!

의원님
만세~!

대단하시다!

잠시 후 죽은 듯이 누워 있던 아들이
갑자기 우웩 하며 토하는 거야.
그걸 먹고 안 토하면 그게 이상한 거지.
그 바람에 목에 걸렸던 송편이 툭 튀어 나왔어.
"아이고, 감사합니다.
참으로 용한 의원이십니다."
식구들이 연신 절을 하며 좋아했어.
이튿날 나그네는 잘 먹고 잘 쉬고
치료비에 노자까지 얻어
다시 길을 떠났대.

풋!

우웩~

톡 톡 과학 양념

체했다는 게 뭐야?

체했다는 건 소화가 잘 되지 않는 걸 말해.
급하게 음식을 먹거나 한꺼번에 많이 먹으면
누구나 체할 수 있어. 몸이 힘들거나 피곤할
때, 혹은 긴장을 하고 음식을 먹으면 잘 체하
니까 조심해.

소화는 어떻게 될까?

맛있게 구운 빵과 냄새 좋은 피자 그리고 햄버거! 말만 들어도 먹고 싶지?
하지만 그것들이 우리 몸에 들어가 소화가 되는 과정을 보면 입맛은 싹 가시고
메스꺼움 때문에 토할지도 몰라. 그럼 지금부터 소화가 되는 과정을 알아보기로 해.

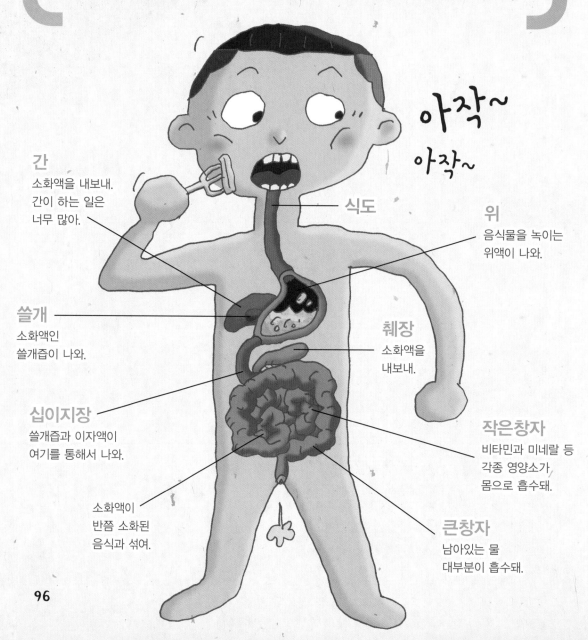

아작~
아작~

간
소화액을 내보내.
간이 하는 일은
너무 많아.

식도

위
음식물을 녹이는
위액이 나와.

쓸개
소화액인
쓸개즙이 나와.

췌장
소화액을
내보내.

십이지장
쓸개즙과 이자액이
여기를 통해서 나와.

작은창자
비타민과 미네랄 등
각종 영양소가
몸으로 흡수돼.

소화액이
반쯤 소화된
음식과 섞여.

큰창자
남아있는 물
대부분이 흡수돼.

속이 뒤집히는 구토

구토는 먹은 음식을 토하는 걸 말해.
얼굴이 핏기가 없이 하얘지고 어지럽고 식은땀이 나면서
입안에 침이 고인다면 틀림없이 구토가 시작된다는 신호야.
이야기 속에 나온 것처럼 역겨운 것을 먹었을 때는 물론이고,
끔찍한 장면을 보거나 무서운 일을 당했을 때,
혹은 기름기 많은 음식이나 상한 음식을 먹었을 때도 일어날 수 있어.

위대한 위의 정체

위는 음식을 저장하는 곳이야. 그렇다고 오래도록 저장하지는 않아.
음식물을 부수고 소화액을 뿌려 소화되기 쉽게 한 다음 십이지장을 통해
작은창자로 보내지. 놀라운 일은, 위 속에는 수많은 세균들이
반쯤 소화된 음식물을 먹으며 사이좋게 살고 있다는 것이야.

난 4리터의 물을
담을 수 있어.

샌드위치 한 개를
소화시키는 데는
1시간이면 충분해.

밥과 국과 고기를 먹고
과일을 먹으면 소화시키는 데
6~7시간 정도 걸려.

97

음식물 속에 숨어 있는 무서운 녀석들

아무리 맛있는 음식이어도 오래되었거나 이상한 냄새가 난다면
우선 의심을 하고 먹지 않는 것이 좋아. 이 속에는 무서운 녀석들이 숨어 있기 때문이야.
이런 음식을 먹고 배가 아프거나 열이 난다면 병원으로 달려갈 것!

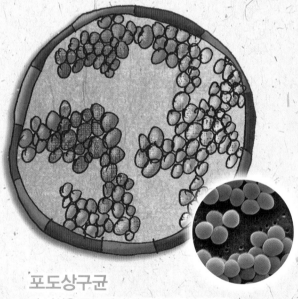

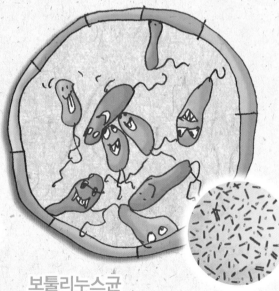

포도상구균

이 녀석은 공 모양의 세포가 포도송이처럼
모여 있어. 음식을 오랫동안 냉장고에
넣지 않았을 때 활발하게 활동해.

보툴리누스균

강력한 독을 가진 유명한 식중독균이야.
증상이 심하면 온몸이 마비되고
숨쉬기가 힘들어지면서 목숨을 잃게 돼.

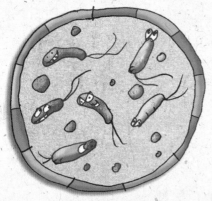

콜레라균

오염된 물이나 환자의 대소변으로 옮겨져.
심한 구토와 끊임없이 나오는 설사 때문에
몸속 수분이 거의 다 빠져 나와.

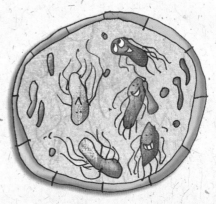

장티푸스균

오염된 물이나 음식, 환자의 대소변으로
옮기는 균이야. 높은 열이 계속되면서
춥고 입맛이 떨어지는 증상이 있어.

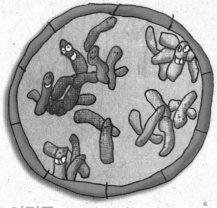

이질균

전염이 굉장히 잘되는 균이야.
아주 적은 양의 세균으로도 병을 일으키기 때문이지.
열과 구토, 설사를 일으켜.

살모넬라균

날 생선이나 달걀에 숨어 사는 녀석이야.
특히 여름철에 활발하게 활동을 하지.
구토와 설사를 일으켜.

리스테리아균

오염된 우유나 채소, 고기 등에 있어. 추운 곳에서도 활동하니까
냉장고에 넣어 둔 음식이라도 안심해서는 안 돼.

무서워!

99